MES PERRUQUES.

COUPS DE PEIGNE POLITIQUES.

Chacun son métier, faites des perruques! faites des perruques! me disait il y a quelques jours un partisan du juste-milieu auquel je demandais du travail, faites des perruques! faites des perruques!... C'est bel et bon à dire, et pour qui? disais-je?...

Puis jetant machinalement les yeux sur toutes celles qu'on voit depuis deux ans à la cour, à la ville, aux ministères, à l'armée, je les vis rapées, disloquées, usées même.... D'accord, dis-je alors, Messieurs du juste-milieu, puisque vous voulez des perruques, j'en ferai. J'en ferai tant et tant que je vous forcerai à changer les vôtres. *A les changer*, entendez-vous bien, parce que toutes les miennes seront *blanches*, *très blanches*, et quand même vous feriez blanchir les vôtres, elles n'auraient jamais la même *nuance* que les miennes. D'ailleurs ce sont de ces vieilles ruses qui nous tuent et nous n'en voulons plus.

———

PRIVILÉGES DES PERRUQUES.

Amis lecteurs, comme mes perruques seront douées de la parole, il faut vous attendre à d'étranges récits et à de singulières révélations; car une perruque bien née est un être infiniment observateur et philosophe. En effet, ne la voit-on pas assister avec la même égalité d'âme et d'humeur, aux baptêmes, mariages, enterremens, etc.? N'est-elle pas admise au conseil du prince, à la Chambre des pairs, à celle des députés? n'a-t-elle pas un pied à terre dans le boudoir de *très hautes et très excellentes princesses?* N'est-elle pas la bienvenue à la mansarde de la très humble et très obéissante ouvrière? Nourrie de la sueur de la science, parfumée du musc de la politique, que de choses ne sait-elle pas! Une perruque bien née!!! Ah! je n'en finirais pas si je voulais énumérer toutes ses qualités et tous ses priviléges. Pour tout dire en un mot, semblable au solitaire, elle voit tout, sait tout, entend tout, est partout. Enfin, amis lecteurs, tous les *coups de peigne* que je me propose de vous offrir me seront dictés par *Mes Perruques*; et si la police venait à mettre la main dessus, mon peigne a toutes ses dents, ma foi, *gare aux doigts!!*...

1832

NOUVEAU MODE DE DÉMÉNAGEMENT.

M. H........ OFFICIER DE PAIX.

Que diable, allez-vous dire, avons-nous à démêler avec un officier de paix? S'agit il déjà d'une saisie? La police se fourre donc partout? Ah! parbleu la police se fourre dans bien plus piètre chose que des perruques. Rappelez-vous donc que si M. Gisquet est conseiller d'état (1), c'est aux ordures de Paris qu'il le doit, alors vous ne serez plus étonnés. Voici de quoi il retourne.

M. H....... est officier de paix du VIe arrondissement.

Si vous voulez mieux le connaître, allez l'attendre un jour de paie à la porte de la Préfecture de police, ses alguazils vous le feront voir, car ils y vont régulièrement pour éviter que quelque créancier malencontreux de leur chef, vienne s'emparer des fonds qui lui sont confiés pour le paiement de sa brigade.

Au mois de juillet dernier, M. H....... habitait depuis quelque temps un appartement rue Saint-Antoine, sans en payer le loyer. Or son propriétaire, enrichi comme tant d'autres par la révolution de juillet, s'avisa un jour, par besoin, de lui demander de l'argent.

Donner de l'argent à un propriétaire, c'eût été la première fois de sa vie, et M. H....... n'est pas homme à prendre si mauvaise habitude.

Vite donc de prévenir quelques-uns de ses agens, un commissionnaire, et à 3 heures du matin ses meubles voyagent, tandis que le pauvre propriétaire rêve le bonheur de lui signer une première quittance de loyer.

O fatalité!... une ronde de nuit paraît!... plus de ressources!. . les hommes et les meubles vont être déposés au poste voisin! Comment sortir de là? Oh, un agent de police, et M. H....... plus que tout autre, a toujours par devers lui quelque expédient à succès.

Ceindre son écharpe d'officier de paix, aborder ses dignes collègues, leur annoncer une saisie faite *au nom de la loi*, tout cela est l'affaire d'un moment pour M. H....... La ronde de nuit passe, les meubles continuent leur route, et vont attendre le jour dans le bureau même de la police près du marché Saint-Martin. Ils en sortent enfin pour gagner leur nouvelle destination, et M. H....... peut ajouter un numéro de plus à la liste de ses dupes.

Voilà cependant jusqu'à quel point la police Gisquet s'avilit et abuse des insignes qu'on confie à son autorité.

(1) M. Gisquet a été nommé conseiller d'état lors de l'émeute des chiffonniers.

LE JUSTE-MILIEU EN BELGIQUE.

Ce sont de bien braves gens que les Belges! de bien bonnes gens!... un peu économiseurs, protocoliseurs, singeurs de leur naturel, mais doués d'une patience angélique.

Vous savez tous que lors de notre glorieuse révolution, comme on l'appelle, on lui chercha de suite un père, et qu'il fût sitôt trouvé, qu'on aurait pu croire qu'il n'attendait que le moment de revendiquer cet honneur.

Vous savez tous aussi qu'à cette époque l'occasion parut favorable aux Belges, et que *quelqu'un* y poussant, ils firent aussi leur petite révolution de septembre; il leur fallait un père ... Ils prièrent le juste-milieu de reconnaître l'enfant et de s'en charger.

Il n'aurait pas demandé mieux le juste-milieu, il est si bon!... Mais il fallait se brouiller avec la Sainte-Alliance, et il ne le voulait pas. Il fit la sourde-oreille attendant les événemens. Les Belges ennuyés cherchèrent ailleurs. Leuchtemberg, Nemours, Othon, Napoléon II refusèrent à tour de rôle. Où donner de la tête? à quel saint se vouer? Comment! ne pas trouver une seule tête à couronne!!! Ils maudissaient déjà leur fille, criaient, se dépitaient, tempêtaient, quand les habiles s'avisèrent qu'il y avait par delà la Manche une espèce de prince souverain à qui le trône avait échappé plusieurs fois, mais qui serait bien aise sans doute de trouver au moins une fois dans sa vie l'occasion de faire prendre l'air à son manteau royal. On lui proposa donc, et il accepta le patronage de la petite délaissée. Ah! pour le coup, dit Guillaume, je ne souffrirai pas une telle injustice!!! Et les courriers de se croiser.... les télégraphes de jouer.... Comment faire pour gagner du temps?... Vite une machine à protocole.... On en fit...., on en fit.... 75 en deux ans!!

Bonne invention! disait le juste-milieu, et il se frottait les mains, et l'Europe attendait, et les Belges se miraient dans leur ouvrage, et le n° 2 des rois citoyens dormait paisiblement, quand un beau matin, il prit fantaisie au prince d'Orange de venir lui rendre une visite d'intérêt.

Cette pauvre petite révolution de Belgique! elle était trop jeune encore pour lui montrer les dents!... Force lui fut d'appeler sa sœur aînée à son secours. Elle avait déjà de grandes dents...; d'ailleurs elles les avait aiguisées sur ses propres enfans...; et puis elle avait des affronts à venger!... Waterloo, c'est le chemin de Varsovie! La guerre! la guerre! elle est inévitable : 30,000 Français ont déjà franchi la frontière; leurs officiers, leur général n'attendent que le signal. Un fils de la nouvelle cour, l'espoir de la patrie, va marcher à leur tête... Il arrive.... Quel air martial!... *Très bien, mes amis, leur dit-il, je suis content de vous, nous allons rentrer en France.* Et il rentra le premier.

L'Angleterre et la conférence avaient murmuré, Guillaume avait menacé, l'étranger avait regardé de travers, et le juste-milieu effrayé de sa bravoure s'était jeté à genoux pour demander son pardon.

Aujourd'hui qu'il paraît avoir de nouvelles velléités de gloire, vous pouvez être tranquille, l'armée ne passera pas la frontière; si elle la passe, elle la repassera encore. Notre révolution abandonnera sa sœur plutôt que de s'exposer à un *mea culpa*, et nous pouvons dire sans crainte avec Odry :

C'est encor des *cochers* qui fait claquer son fouet.

DEMOÏSELLE PERDUE.

Chartinet. J'étais sûr qu'il m'arriverait malheur aujourd'hui; toute la nuit dernière je n'ai fait que rêver cornichons.

Jovial. Cornichons! Oh! mon bon ami, cela présageait une fournée de pairs, et nous l'avons.

C. Il est bien question de cela; j'ai perdu ma fille entre Neuilly et les Tuileries.

J. C'est autre chose en effet; comment s'appelle votre fille?

C. Chartine *Vérité.* Elle est née en 1830 entre une poire et un bouquet de persil; une charmante enfant qui *promettait beaucoup.*

J. C'est aussi votre faute, M. Chartinet; des petites filles aussi jolies que la vôtre demandent à être tenues en lisière jusqu'à l'âge de 30 ans, si on ne veut pas qu'elles fassent de faux pas.

C. Ma Chartine faire un faux pas! Une fille *constituée* comme elle, et dont l'éducation a été dirigée par les meilleurs *professeurs* de France!... Allons donc....

J. Qu'est-ce que cela prouve? Sa sœur aînée ne manquait pas de bonnes qualités; on la trouva même admirable dès son début dans le monde, ce qui n'empêcha pas que sa vertu ne put résister à l'ardeur du soleil de juillet.

C. Elle avait des vices que n'a pas ma Chartine Vérité.

J. Je veux bien croire que votre Chartine soit un ange de perfection; mais vous l'appelleriez des Tuileries à Neuilly et de Neuilly aux Tuileries, que je doute fort que vous rencontriez quelqu'un qui puisse vous dire ce qu'elle est devenue. Attendez, cependant; je connais quelqu'un qui, s'il veut s'en donner la peine... Ah! voici justement notre homme. Arrivez M. Polissard; notre ami Chartinet vient de perdre sa petite fille âgée de 27 mois entre Neuilly et les Tuileries.

P. Chartine Vérité, âgée de 27 mois?

C. Oui, Monsieur.

P. O père trop malheureux d'une trop infortunée fille!..

C. Quel affreux pressentissement!...

P. Constituée en 67 articles et reconfortée de 10 dispositions particulières?.

C. Oui, Monsieur.

P. Eh bien! suivez la route qui vous fait face, dans un petit château à gauche, vous la trouverez...

C. (l'interrompant). Ah n'achevez pas! n'achevez pas!

P. Vous la trouverez *violée*....

C. (avec désespoir). Ma Chartine Vérité violée!... O ma fille!... On aura du moins respecté ses 10 dispositions particulières.

P. Tout y a passé!...

C. Tout?

P. Tout.

SECONDI.

Fidèle à sa religion, à ses sermens et à son roi, il avait rejoint sur le sol sacré de la Vendée tous ses nobles compagnons d'armes qui, comme lui, désiraient le bonheur de la France, quand une balle meurtrière vint l'atteindre.

Ce n'était plus le plomb de l'ennemi qu'il avait bravé tant de fois avec gloire et intrépidité; c'était un ami, un frère peut-être qui venait exécuter à regret l'ordre sanglant qu'il avait reçu.

O révolution de juillet, voilà de tes œuvres!!

Malheureux Secondi! ce n'est pas assez de l'avoir lâchement assassiné, on le livre sans pitié à l'égarement d'un tribunal de sang arbitrairement établi. L'amputation de sa jambe a été rendue indispensable par la gravité de sa blessure; mais il n'est pas assez mutilé..., sa tête doit rouler sur l'échafaud.... Quelle infamie!!

Si tel est le prix que vous réservez à la fidélité, vous trouverez encore des victimes fières de le recevoir.

Secondi connaît toute sa gloire..., sa conscience est libre et pure..., il attend la mort avec résignation...

Ecoutez-le, prodiguant des consolations à ses nombreux amis. Voyez-le cherchant à sécher les larmes que lui accordent l'amitié, la reconnaissance et l'admiration. Méditez ses tristes adieux :

« Ne vous laissez pas abattre, dit-il à ses compagnons, « imitez-moi. Je meurs innocent. Je suis heureux de « mourir pour une cause si noble. Si ma tête roule sur « l'échafaud, loin d'avoir à en rougir, ma famille pourra

« s'en glorifier... D'autres que moi y sont morts avec
« gloire... Louis XVI y est mort..., il était roi...; moi, je
« ne suis qu'un simple soldat... Adieu ! »

Prenez, bourreaux, prenez maintenant cette tête innocente ; baignez une seconde fois vos mains dans le sang
d'un Français déjà horriblement mutilé. Il vous faut du
sang, hâtez-vous d'en prendre ; vous n'ébranlerez pas notre
fidélité. Vous exciterez notre admiration pour vos glo-
rieuses victimes et notre mépris pour vous.

L'histoire redira vos forfaits ; la postérité maudira votre
mémoire.

Qu'entends-je ? ils l'ont osé ! Secondi n'est plus !!... Les
barbares !!...

TOUPET PHÉNOMÈNE. (HISTORIQUE).

Parlez-vous d'un brave ou d'un lâche, on vous arrête :
parlez-vous d'un avare ou d'un libéral, en prison : parlez-
vous d'un voleur, d'un assassin : A Sainte-Pélagie !... Voilà
ce qu'en 1832 on appelle de la liberté.

N'aimez-vous pas les cornichons, les melons, le gland,
la poire, etc., gardez-vous bien de le dire, vous seriez ar-
rêté, emprisonné et condamné sans pitié. Ne pas aimer la
poire, c'est un crime de lèze-majesté.... Voilà comme
M. Persil entend la liberté.

Il m'est donc venu dans l'idée, pour ne pas causer d'in-
somnies à M. Persil et ne pas irriter sa susceptibilité à l'é-
gard de la royauté citoyenne, de vous raconter l'histoire
toute innocente d'un *certain toupet* dont peut-être vous
avez déjà entendu parler, et sur lequel la nature a exercé
toutes les phases de sa bizarrerie.

Il parut, je crois, en 1773 ; on ne sait pas au juste à qui
on le doit, mais on l'attribue généralement à un geôlier
italien nommé Laurenzo Chiapini.

Il fut blanc jusqu'en 91, puis en 92 il devint tout-à-coup
de trois nuances très distinctes.

Selon les uns il redevint blanc en 93 et 94 ; selon les autres, emporté par un coup de vent en pays étrangers (en
Autriche par exemple), on en aurait perdu la trace jusqu'en 180 3, époque à laquelle il reparut plus blanc qu'au-
paravant.

Un certain voyage en Angleterre changea aussi, dit-on,
sa couleur primitive, mais en 1810 il redevint blanc comme
neige.

A l'exception d'une tache de sang dont le propriétaire de
ce toupet le souilla en 1820, il ne s'opéra en lui aucun
changement jusqu'en 1830, époque à laquelle les chaleurs
de juillet lui rendirent ses couleurs de 92.

Peu de jours après elles furent ternies par une nouvelle tache.

Aujourd'hui il est blanc pour les uns, rouge pour les autres, tricolore pour quelques-uns; mais les deux taches de sang marquent à jamais celui qui le possède du sceau de la réprobation et de l'infamie.

COUPS DE PEIGNE.

.*. Le juste-milieu se propose dit-on de faire danser bientôt le roi de Hollande, et lui montrer la *chaîne anglaise*. Le vieux roi ne voulant être en reste de politesse avec le juste-milieu, s'offre à son tour à lui montrer la *queue du chat*.

.*. Au rapport d'Appien, la biche *conçoit* sans s'arrêter. Au rapport de la France, le juste-milieu s'arrête et ne *conçoit rien*. Le même auteur observe que la hyène change de sexe tous les ans : qui pourrait affirmer que le juste-milieu est mâle ou femelle?

.*. Le juste-milieu revient-il de Belgique? Non, au contraire, il est certain *qu'il s'en va*.

.*. L'aigle regarde fixement le soleil. Le juste-milieu, aigle d'une autre espèce, regarde fixement le budget.

.*. *Les deux échos.* Si je me décide à *écraser* la Hollande, que ferons-nous de la Vendée? — Il faudra *pacifier*. — *Pas s'y fier!!* dit l'écho de l'Ouest. — *Pas si fier!!* répète l'écho du Nord.

.*. M. Athalin prétend qu'on l'a fait pair (père) malgré lui et sans sa participation. Il s'en prend à madame son épouse.

PEUT-ON ÊTRE VOLÉ COMME ÇA.

Air : *De la Somnambule.*

Bien fou qui se fie aux promesses
De nos superbes de juillet.
Chez eux je ne vois que bassesses
Depuis qu'ils ont part aux budgets.
Bien qu'ils nous promissent naguères,
Justice, amour et cætera...,
Persil nous envoye aux galères...
Peut-on être volé comm' ça!...

Au jour où nous vîmes paraître
De Charles les décrets royaux,
Chacun lançait par la fenêtre
Glaces, pendules et flambeaux.

Maintenant pendules et glace
Ne verront plus ces beaux jours-là,
Car l'huissier les vend sur la place,
Peut-on être volé comm' ça.

On promit à la France entière
Tant de liberté, de splendeurs,
Que déjà ma vieille portière
Voyait son fils ambassadeur.
Jacquot, tu seras, lui dit-elle,
Queuq' légume au train que ça va.
Jacquot tire encore la ficelle,
Peut-on être volé comm' ça.

Le peuple aime le mélodrame,
Rien n'est par lui mieux accueilli.
Pour lui complaire un beau programme
Lui fut apporté de Neuilly.
Ce traité qu'il huma sur place,
Fut pour lui le *nec plus ultra*;
Mais le *statu quo* le remplace,
Peut-on être volé comm' ça.

Après les saintes embrassades,
Les doux épanchemens de cœur,
Un roi sorti des barricades
Fut offert au peuple vainqueur.
Supputant l'effet dramatique,
Lafayette alors nous dota
De la *meilleure république*.
Peut-on être volé comm' ça.

Héros de la palinodie,
Quand cesserez-vous, par pitié,
De nous donner la comédie :
Vraiment, c'est trop de la moitié.
J'ai dit, quand Nestor Sémonville
Ombrageait des drapeaux d'Iéna
Le front *bourgeois* d'un jeune Achille,
Peut-on être volé comm' ça.

SAVIN, perruquier, éditeur,
rue Saint-Denis, n° 272.

A Paris, chez ROUANT, libraire, rue Verdelet, n° 6; et
chez tous les Libraires. — Chez SAVIN, éditeur, rue Saint-
Denis.

IMPRIMERIE DE Vᵉ THUAU, rue du Cloître Saint-Benoît, n° 4.

MES PERRUQUES

MARTEAU.

Des difficultés imprévues pour l'impression, ont retardé ce Numéro, mais des mesures ont été prises pour que chaque Numéro paraisse désormais avec exactitude.

ENCORE DE LA COMÉDIE.

Voici une très haute et très profonde *Perruque* que le *Messager des Chambres* nous lance à la tête, sous la rubrique de Francfort, perruque fabriquée par nos faiseurs de 1815, époque à laquelle on nous disait que les Bourbons nous ramèneraient les droits féodaux, la dîme, le droit de cuissage et cent bonnes choses semblables. Passons.

S'il faut en croire ladite *Perruque*, un traité *secret* d'alliance a été signé entre l'Autriche, la Prusse et la Russie; il doit être renforcé par la Confédération germanique et par l'Angleterre, la Hollande, l'Espagne, le Portugal et la Sardaigne, au fur et à mesure qu'il aura été possible d'y faire accéder ces diverses puissances. Bien joué!..

La France (c'est toujours la Perruque de Francfort qui parle) sera partagée et réduite à vingt millions d'habitans, toutes ses forteresses seront rasées à l'exception de quatre ; l'Alsace et une partie de la Lorraine seront *restituées* à l'Autriche; la Prusse recevra l'autre partie de la Lorraine et une étendue de territoire propre à l'arrondir en proportion... Va, Perruque! va toujours! Le roi de Sardaigne aura les départemens du Var, de l'Ain, et une grande partie de l'Isère; l'Espagne, les Basses-Pyrénées et une partie des Pyrénées orientales; la Russie aura l'île de Corse et une forte indemnité pécuniaire. Toute cette part de gâteau sera saupoudrée de la remise d'Alger, de la cession de nos colonies, tant aux Antilles qu'aux Grandes-Indes.

Vous pouvez tenir comme certain (ajoute la flegmatique Perruque) que Charles X et son fils ont accédé aux bases de ce traité, moyennant lequel la Grande Alliance s'engagerait à garantir la restauration de la branche aînée sur le trône de France.

À la bonne heure, Perruque, ma mie! voilà par où vous auriez dû commencer. Amis lecteurs, ne trouvez-vous pas comme moi que ce traité *secret* sent les droits féodaux, la dîme et le droit de cuissage tant prophétisés en 1815 ? Ah !

2

que je rirais de bon cœur de cette facétie, si le coup de pistolet du Pont-Royal ne m'avait désopilé la rate !..»

Cette bonne Perruque termine ainsi son récit : Quelque incroyable que cela paraisse, dit-elle au *Messager des Chambres*, tenez-le pour *très positif*, et voyez ce que vous coûterait une troisième restauration.

Non, chère Perruque francfortoise, non il n'en sera pas ainsi, si ce devait être là le résultat de la politique du gouvernement des barricades, il n'est pas un seul Français, de quelque opinion qu'il soit, qui ne demanderait comme une grâce de voler aux frontières, il n'en est pas un seul qui reculerait devant la mission d'aller dire à l'auguste captive de Blaye : Mère de Henri V, sauvez-nous de la honte !...

C'EST LA MAJORITÉ QUI L'A VOULU.

Messieurs, si nous avons tué le commerce, anéanti la prospérité, encombré la place du Châtelet, organisé et salarié l'émeute, réduit le peuple sur la paille et sans pain; si nous lui arrachons encore sur son pénible travail un budjet de quatorze cent millions, *c'est la majorité qui l'a voulu.*

La vexation passée à l'ordre du jour, l'arbitraire mis en principe, l'inquisition hautement proclamée, le Midi assujéti à la loi des suspects, une partie de la France soumise à un régime de terreur et de proscription, la loi violée, le meurtre autorisé, l'épée des sergens de ville exercée dans l'ombre, les prisons encombrées, les détenus assassinés, des visites domiciliaires, arrestations, sacriléges, massacres, assassinats et la peste : *voilà encore ce dont nous a gratifié la majorité.*

Par amour pour la *justice et l'égalité*, nous avons gracié huit cent cinquante-huit forçats et des incendiaires, tandis qu'on traînait à l'échafaud des condamnés politiques. Nous avions promis la liberté de la presse et nous avons organisé une police dans l'intérieur même des imprimeries. Nous avions juré la vérité de notre charte, mais force nous a été de la violer. Nous *espérons, à cet égard, l'approbation de la majorité.*

Nous avons eu peur de la Vendée et de ses habitans; aussi avons-nous pris à leur égard des mesures de prudence. Les champs ravagés, les domiciles envahis, les armes enlevées, les femmes et les filles outragées, les vieillards assassinés, les enfans égorgés, l'asile de la religion violé, le sanctuaire profané, les tombes de mademoiselle Botderu et de M. de Bourmont fouillées, les têtes mises à prix, le cadavre de Jamier jeté dans un cachot quelqués heures après sa mort et refusé à ses parens ; la plaie de Bayet sondée pour y chercher un prétendu complot, des propriétaires chassés de leurs habitations, des couvens pris d'assaut, les trapistes traînés de brigade en brigade, des agens envoyés contre Madame, *voilà l'ouvrage de la majorité.*

Nous avions promis une monarchie *entourée d'institutions républicaines* ; mais *la majorité* a jugé à propos de *l'entourer de 350 à 400,000 baïonnettes*, et nous avons dû céder à sa volonté.

Les puissances étrangères nous ont ordonné de marcher à genoux, *la majorité* y a consenti ; pour répondre à tous les affronts reçus ou à recevoir, la sublime majorité est toujours là !!...

Enfin, Messieurs, si quelqu'un est coupable, *c'est la majorité* et non les ministres. Leur affaire à eux, c'est d'acheter, soudoyer, surprendre. accrocher des votes... C'est ce que nous avons fait. Notre fournée de pairs, la diminution factice du pain, le traité d'alliance anglo-français, la deuxième promenade de notre armée en Belgique, l'arrestation de Madame, voilà ce que nous vous avons d'abord jeté aux yeux. Une autre amorce devait *nous assurer quarante voix*, nous l'avons brûlée...

Au nom de la liste civile, du budjet et des fonds secrets, accordez-nous, Messieurs, cette *chère majorité !* Tirez-nous de l'ornière où notre char va verser. Sottes comédies, vils subterfuges, vaines promesses, basses intrigues, affronts sanglans, turpitudes, peu importe ; employez tout, pourvu que nous ayons *la majorité et le budget.* Le budjet !.... Ah ! Messieurs, quel mot électrique !... Oui, votez le budjet !....

Sans budjet, pas de *majorité ;* pas de budjet, sans la majorité.

EXPLICATIONS D'UN PRINCE.

Le prince Rosolin, considéré en bloc, est déjà le modèle des grands capitaines de notre époque, et doit être regardé comme le résultat le plus étonnant de la perfectibilité humaine. Quand on aura trouvé le moyen d'appliquer une soupape de dégagement aux humeurs qui obstruent ses organes belliqueux, quand cette machine de guerre sera rentrée dans son état normal, Clio pourra dire : Je tiens mon héros. On connaît déjà son jeune courage, mais ce qu'on ne sait pas, c'est la manière dont il procède dans les affaires d'honneur.

Il y a peu de jours qu'il assistait à une petite guerre ; déjà il avait tiré deux coups de fusil presque sans trembler ni fermer les yeux, quand il s'avisa de vouloir faire prisonnier un trompette de voltigeurs. Prince, lui dit ce dernier, un trompette ne se laisse jamais faire prisonnier, pas même par un prince, et en même temps il empoigna et jeta loin de lui le brave Rosolin, qui tomba la face contre terre, honni, meurtri, battu et mécontent.

Un rendez-vous s'ensuivit. Le prince s'y trouva avec l'aide-de-camp de rigueur, le trompette avec un tambour-maître. Démouchetons les fleurets, s'écrie le trompette, et en garde ! Un moment, camarade, dit l'aide-de-camp, le prince Rosolin admire votre conduite, et pour vous prouver que la couardise n'est jamais entrée dans son cœur, il est prêt à se battre avec vous ; mais je crois qu'il y aurait imprudence de votre part à vous risquer avec lui à quelque arme que ce soit, car épée, pistolet, coup de poing, bâton et savate surtout, il connait tout et ne manque jamais son homme. Tant mieux, s'écria le trompette, ça me fera plaisir d'être tué par un prince aussi brave. — Trompette, tu ne tiens donc pas à la vie ? — Si fait, j'y tiens, mais puisque le vin est tiré... Imprudent trompette, considère un instant l'homme qui est à cent pas de toi, se mouchant dans un mouchoir de batiste ; vois son pied, vois sa jambe, vois sa taille élancée, vois cette tête composée de chair, d'os, de sang, de cervelle, de fibres, de... que sais-je, moi ? Tu tiens à la vie, dis-tu, et tu veux te battre avec un homme qui peut te donner antant de coups d'épée dans le ventre que Talleyrand a signé de protocoles cette année. Songe donc qu'il a des bottes qu'il serait aussi difficile à toi de parer, qu'à Léopold de prendre la citadelle d'Anvers. Brave trompette, voilà trente sous ; si le prince ne se bat pas avec toi, c'est qu'il a des scrupules à se mesurer avec un ennemi trop faible. Noble trompette, si cette explication te convient fais en part à tes amis, afin qu'ils puissent éviter l'embarras où t'as mis ton imprudence.

Ma foi ! dit le trompette, j'aime mieux un coup d'épée. — Eh bien ! noble et insensé trompette, voici 10 francs et n'en parlons plus.

Va pour 10 francs, j'aurai du moins de quoi boire avec les amis à la France, et à la bravoure à venir du courageux prince Rosolin.

MORT DE FITZANE.

Une mort récente vient de nous donner une preuve nouvelle de la turpitude de Gisquet.

Le malheureux Fitzane, condamné politique, n'a été transféré à la Pitié que quand on a eu la cruelle certitude qu'il n'échapperait pas à la mort!.. Bien plus, lorsqu'il n'a plus que puelques heures à vivre, au moment où la tombe est prête à s'ouvrir à sa fidélité, la police cherche déjà une nouvelle victime. C'est son épouse!!!... Elle a soustrait sa tête à la condamnation capitale qui l'a frappée ; mais Gisquet a l'espoir qu'elle viendra dire un dernier adieu à son époux, et on place *comme malade* dans le lit voisin de celui de Fitzane un infâme agent avec mission d'arrêter son épouse. Quelle perversité!!

La providence veillait sur cette victime , et le crime est resté confondu.

A nous seuls il a été permis d'honorer les restes d'un ami! A nous seuls il a été permis d'élever un monument à sa fidélité!.. Son épouse n'a pu que pleurer dans l'exil?..

Honte!... cent fois honte! aux auteurs de telles infamies !...

ADRESSE.

Mes Perruques à marteau, ébouriffées de *l'horrible attentat*, me prient de déposer au pied du trône l'adresse suivante :

SIRE,

Au premier bruit de l'horrible attentat commis sur la personne sacrée de V. M., nous avons frémi d'horreur ; et de noires-jais que nous étions, nous sommes devenues rouges, tant était vive notre indignation.

Oui, Sire, nous n'avons pu retenir cette impulsion soudaine qui caractérise si bien les bonnes perruques de votre royaume ; impulsion qui a fait dire à chacune de nous ces paroles si concluantes de l'opinion publique : Ah! mon Dieu! quel est le scélérat qui a osé... Quel est le scélérat, le brigand qui a osé.... Quel est le scélérat, le brigand, l'infâme qui a osé... Quel est le scélérat, le brigand, l'infâme, le carliste, le républicain, le bousingotiste qui a osé attenter aux jours de S. M. ?

Sire, voilà les fidelles expressions des bonnes perruques de votre royaume ; faites, Sire, faites que la justice éclaircisse le fait, qu'elle nous désigne le vrai coupable, et fiez-vous à nous, fiez-vous à notre amour pour votre personne sacrée du soin de la venger.

Sire, la France demande un grand exemple..... Nous sommes quatre-vingt-dix mille perruques qui ne craignent pas que les brouillards, ni la pluie, ne les défrisent ; que V. M. nous dise : voilà le scélérat, le brigand, l'infâme, le carliste, le républicain, le bousingotiste, qui a attenté à ma personne sacrée! et soudain vous verrez sortir de nos rangs les plus fortes têtes à perruque qu'on ait vues de mémoire d'homme, pour écraser l'infâme !

(Suivent les Signatures.)

L'ESCAMOTEUR.

Des éclats de rire fixèrent hier mon attention en traversant la place du Carousel. Curieux de mon naturel, je m'approchai du cercle joyeux, et j'y vis un homme à gros favoris, haut toupet, petits yeux, joues pendantes, teint basané, c'était un escamoteur. Il était au milieu du cercle, et cherchait par *ses promesses* à retenir ses dupes, tandis que ses *compères* exploitaient à leur aise les poches du *pauvre peuple.*

Mes chers camarades, mes très chers camarades, disait-il, encore un peu de patience, et je vous ferai voir *ce que je vous ai promis.* Je ne suis plus ici sur la place de l'Hôtel-de-Ville, où il faut *promettre plus qu'on ne peut tenir,* pour obtenir *des suffrages.* Ici, grâce à la liberté conquise en 1830, je rogne, je taille, *je bâtis, je démolis,* sans qu'il m'en coûte rien; au contraire, je fais argent de tout. En un mot, je suis *presque roi.*

Cela est si vrai que j'ai : *liste civile, budget,* et *fonds secrets,* représentés par ces trois *pelotes.* J'en mets une sous chacun de ces trois gobelets.

Je prends ensuite la première que *j'envoie en Amérique;* la seconde, *je l'avale;* la troisième, *invisible.* Je lève maintenant les trois gobelets, et il n'y a plus rien dessous, dessus, ni dedans.

Voici maintenant un *foulard* dans lequel vous voyez tous qu'il n'y a rien, absolument rien. Eh bien! moi, je prétends *en tirer quelque chose.* J'y fais donc un *nœud coulant,* et je le présente à madame. Serrez ce nœud, madame.— Encore. — Là, très bien. — Voyez, *mes chers camarades,* voici *un testament* en règle *qui vaut des millions.*

Nous allons passer à quelque chose de plus difficile. arrive ici, *Pattoquet.* Remarquez, *mes chers camarades,* que ce nain n'a que le *tiers* de la taille ordinaire. Il est très laid, mais doué d'une agilité surprenante. Quoique sans plumes ni ailes, *il vole* avec beaucoup d'adresse; comme je ne puis exécuter ce dernier tour sans lui, il vous prie de mettre la main à la poche, il reçoit jusqu'à *six cent mille francs,* ce sont *ses petits profits.*

(S'adressant à une dame de la société.)

Avec l'aide de *Pattoquet,* je vais escamoter *Madame.* C'est uniquement pour obtenir *la majorité...* des suffrages de ceux qui m'entourent; ainsi *Madame* n'a aucun danger à courir. *Je prends donc Madame, mes chers camarades,* vous voyez tous que je *la prends.* Je la tiens un moment, et je l'envoie *près Bordeaux.* Cherchez maintenant, vous ne la trouverez plus.

Allons! Messieurs et Dames, du courage, la main à la

poche, avant que nous partions... Bien, très bien ! merci...
Puisqu'il n'y a plus rien à *ramasser*, c'est, Messieurs et
Dames, pour avoir l'honneur de vous saluer.

COUPS DE PEIGNE.

.*. On a retiré les télégraphes à M. Thiers. Cela n'a
rien d'étonnant, car il est impossible qu'une oie fasse des
signes (cygnes).

.*. Quelqu'un demandait au père de Thiers pourquoi il
ne surveillait pas davantage la conduite de sa fille. J'ai
permis à mon fils, dit-il, d'être *homme public*, pourquoi
sa sœur ne serait-elle pas.... *publique* aussi.

.*. Il paraît qu'au moment où on a tiré le coup de pistolet, il y avait quelque chose *de bien faisandé* sur le Pont-
Royal, car en un instant il a été couvert *de mouches*.

.*. La balle a sifflé. Non, du tout, ce sont les specta-
teurs.

RÉJOUISSANCES PUBLIQUES PAR ORDRE.

(*Extrait de la Chronique de* 2581, 549 avant J. C.)

Air : *A la façon de Barbari.*

Ministres, mes dignes suppôts,
 Écoutez ma harangue,
Tout sujet qui me paie impôts
 Doit retenir sa langue ;
Qu'il pince ou non son rigaudon,
 La faridondaine, la faridondon ;
Moi, je le veux *pincer* aussi :
  Biribi,
A la façon de Barbari,
  Mon ami.

Gardes, chantez avec respect
 La Marseillaise antienne ;
J'aime à vous voir tous bec-à-bec
 Piaulant la Parisienne.
Chaud!.. chaud!.. chaud!.. chantez mon renom,
 La faridondaine, la faridondon,
Car de près j'ai vu St.-M...
  Biribi, etc.

Pour passer mes royaux momens
 Sans crainte et sans reproches,
De mes sujets récalcitrans
 Faites vider les poches ;
S'il vous faut même du canon,
 La faridondaine, la faridondon,
Sur eux faites un feux nourri,
  Biribi, etc.

Pour mieux célébrer ma gaîté
   Et narguer la cabale,
Que Paris m'offre une clarté
   A jamais sans égale.
Un roi sentant le lampion,
   La faridondaine, la faridondon,
Est toujours un prince chéri,
   Biribi, etc.

M'amuser tel est mon destin,
   Je n'y saurais que faire,
Et si mon peuple meure de faim
   Ce n'est qu'une misère !...
Qu'il soit vert comme un cornichon,
   La faridondaine, la faridondon,
Je m'en amuse et je m'en ris...
   Biribi, etc.

Allez, et criez en tous lieux
   Notre bon roi s'amuse !
Notez comme séditieux
   Quiconque vous récuse.
Enfoncez le drôle en prison,
   La faridondaine, etc.,
Qu'il soit logé, couché, nourri
   Biribi, etc.

Gardes, buvez, sautez, dansez;
   Vous, laquais et portières,
Faites-nous des chassez-croisés
   Jusque sur les goutières.
Que tout saute, palais, maison, etc.
   Enfin je veux être ébloui, etc.

Pour que la fête soit sans prix
   Et se passe tranquille,
Répandez par flots dans Paris
   Mouchards, sergens de ville;
Sans eux dans les fêtes, dit-on,
   La faridondaine, etc.
L'on ne s'amuse qu'à demi,
   Biribi,
A la façon de Barbari,
   Mon ami.

SAVIN, perruquier, éditeur,
rue Saint-Denis, n. 272.

Chez l'auteur, rue Saint-Denis, n. 272. — DENTU, libraire, galerie d'Orléans, Palais-Royal. — BOUQUIN DE LA SOUCHE, passage Vendôme, n. 15. — ROUANET, rue Verdelet, n. 6. — BOBLET, quai des Augustins. *Affranchir.*

IMPRIMERIE DE BELLEMAIN, RUE SAINT-DENIS, N. 268.